METR

NORMALIZACIÓN

César David Rivera Toscano

Primera Edición

Ingeniería Industrial
Instituto Tecnológico Superior de Tantoyuca

ISBN-13: **978-1518737503**
ISBN -10: **1518737501**

METROLOGÍA Y NORMALIZACIÓN

César David Rivera Toscano

Instituto Tecnológico Superior de Tantoyuca

División de Ingeniería Industrial

ISBN-13: **978-1518737503**
ISBN -10: **1518737501**

Primera edición
México, 2015

METROLOGÍA Y NORMALIZACIÓN

César David Rivera Toscano

Ingeniero Industrial del Instituto Tecnológico de Ciudad Madero.
Maestro en Ingeniería Administrativa del Instituto de Estudios
Universitarios de Puebla.
Ingreso al Instituto Tecnológico Superior de Tantoyuca en 2010.
Docente de la carrera de Ingeniería Industrial del ITSTA encargado de
impartir la materia de Metrología y Normalización desde 2010.

Agradecimientos

Agradezco al Instituto Tecnológico Superior de Tantoyuca por permitirme desarrollar este libro dentro de sus instalaciones, además de reconocer el compromiso de la institución en la formación de estudiantes, para que logren sus objetivos, poniendo en alto el nombre de nuestro tecnológico y el de la Huasteca Veracruzana.

Dedicatoria

A todas las personas que encuentran en la curiosidad, una motivación constante.

Contenido

Introducción

El desarrollo del conocimiento y las habilidades permiten que las civilizaciones avancen. Desde los primeros pasos del hombre en la tierra, ha necesitado herramientas para poder desempeñar tareas básicas como las de caza y recolección de frutos, para lo cual el desarrollo del ingenuo ha dado como resultado la creación de inventos para facilitar las tareas comunes o dar respuesta a problemas en el día a día de las personas. Algunos de los inventos que han marcado un antes y después de su creación ya pasan totalmente desapercibidos en nuestra vida cotidiana; sin embargo, otras invenciones han cambiado la vida en los últimos años.

La necesidad creo a los primeros ingenieros, que dio lugar a una revolución agrícola, el instinto de supervivencia dio parte a una de las primeras ingenierías: la militar, al igual que los ingenieros que levantaron grandes muros para proteger ciudades, cada uno de los campos más importantes de la ingeniería se ha desarrollado para satisfacer la necesidad básica de supervivencia.

De la misma manera que la ingeniería, la Metrología **(Metron= Medida, Logos= Tratado)** está presente en todas las actividades de la humanidad. Las ciencias se apoyan de la metrología para lograr el entendimiento, aplicación, mejora, desarrollo y evolución de las mismas. La metrología está involucrada en actividades tan rutinarias como el llenar una taza de café y es tan necesaria en acciones tan complejas como las que se necesitan para que un avión caza pueda aterrizar en un porta aviones.

La metrología como la ingeniería, se encuentra en evolución constante, para lograr una forma de vida más fácil, mejor y más segura. El conocimiento de esta ciencia permitirá a los estudiantes de ingeniería y a los estudiantes de ingeniería industrial, manejar desde el punto de vista de la metrología y normalización, los métodos y sistemas de medición, además de conocer y aplicar la metodología para el uso de los instrumentos de medición, controlar especificaciones requeridas, acorde a las normas nacionales e internacionales para satisfacer las demandas de los clientes.

El conocimiento de esta ciencia facilitara al ingeniero, el proceso de la toma de decisiones, el cual según Peter F. Drucker es el resultado de un proceso sistemático, compuesto de elementos claramente definidos y escalonado en una secuencia de etapas bien determinadas, un punto esencial que se debe te fomentar en los estudiantes, para lograr un alto grado de análisis en la resolución de problemas, la cual es la función básica del ingeniero.

ATENTAMENTE

César David Rivera Toscano
Docente del ITSTa

"Si puedes medir aquello de lo que hablas, y si puedes expresarlo mediante un número, entonces puedes pensar que sabes algo; pero si no lo puedes medir, tu conocimiento será pobre e insatisfactorio."

William Thompson

*"A pesar de los avances que México ha registrado en materia de competitividad los últimos años, es claro que hemos evolucionado a menor velocidad que muchos de nuestros competidores y en un mundo tan globalizado **ir más lento que los demás equivale a retroceder**"*

Eduardo Sojo

Unidad 1 Normalización

"Las normas han servido para armonizar las relaciones entre la producción y el consumo"

1.1 Definición y concepto de normalización

En un contexto de mercados mundiales caracterizado por la innovación tecnológica y la intensificación de la competencia, la actividad normalizadora es un instrumento indispensable para la economía nacional y el comercio internacional.

Ilustración 1. Planta de Tesla Motors sinónimo de innovación tecnológica

En México la normalización se plasma en las Normas Oficiales Mexicanas (NOM) de carácter obligatorio, elaboradas por Dependencias del Gobierno Federal y las Normas Mexicanas (NMX) de ámbito primordialmente voluntario, promovidas por la Secretaría de Economía y el sector privado, a través de los Organismos Nacionales de Normalización.

Para demostrar que lo que se ha producido o comercializado está conforme a lo dispuesto por la propia norma que lo rige, se inicia el proceso de Evaluación de la Conformidad (que a

su vez contiene procedimientos de certificación, verificación, calibración, muestreo, pruebas, según sea el caso).
No cualquiera puede asegurar que un bien o servicio se ajusta a la norma. Se requiere que una entidad de acreditación valore la competencia técnica y confiablidad de los organismos de certificación, laboratorios de prueba, laboratorios de calibración y unidades de verificación.

La normalización, y evaluación de la conformidad no podrían efectuarse sin el sustento de la Metrología que asegura la exactitud de las medidas y así, es uno de los pilares del desarrollo industrial y de la certeza de las transacciones comerciales. Para dar máxima eficacia en materia de normalización, la Secretaría de Economía participa en foros y organismos internacionales como son Codex Alimentarius, Comisión Panamericana de Normas Técnicas (COPANT), Comisión Electrotécnica Internacional (IEC)y la Organización Internacional de Normalización (ISO).
(Secretaria de Economia , 2014)

Normalización

La Asociación Estadounidense para Pruebas de Materiales (ASTM, por sus siglas en ingles) define la normalización como el proceso de formular y aplicar reglas para una aproximación ordenada a una actividad específica para el beneficio y con la cooperación de todos los involucrados.

La norma es la misma solución que se adopta para resolver un problema repetitivo, es una referencia respecto a la cual se juzgara un producto o una función y, en esencia, es el resultado de una elección colectiva y razonada. Prácticamente, norma es un documento resultado del trabajo de numerosas personas durante mucho tiempo, y normalización es la actividad conducente a la elaboración, aplicación y mejoramiento de las normas.

La ISO, define a la normalización como: el proceso de formular y aplicar reglas con el propósito de realizar en orden una actividad específica para el beneficio y con la obtención de una economía de conjunto óptimo teniendo en cuenta las características funcionales y los requisitos de seguridad. Se basa en los resultados consolidados de la ciencia, la técnica y la experiencia. Determina no solamente la base para el presente, sino también para el desarrollo futuro y debe mantener su paso acorde con el progreso.

Y a la Norma como el documento establecido por consenso y aprobado por un organismo reconocido, que proporciona para uso común y repetido, reglas directrices o características para ciertas actividades o sus resultados, con el fin de conseguir un grado óptimo en un contexto dado. Una norma debe ser un documento que contenga especificaciones técnicas, accesibles al público, que haya sido elaborada basando su formulación con el apoyo y consenso de los sectores claves que intervienen en esta actividad y que son fabricantes, consumidores, organismos de investigación científica y tecnológica y asociaciones profesionales.

La normalización es la actividad que se fija en bases para el presente y el futuro, esto con el propósito de establecer un orden para el beneficio y con el concurso de todos los interesados. En resumen, la normalización es, el proceso de elaboración y aplicación de normas; son herramientas de organización y dirección.

.(González & Zeleny, 1998)

¿Qué es una norma?

La definición de Norma puede ser localizada en la norma mexicana NMX-X-109-IMNC-1999 con el título de Normalización y actividades relacionadas – Vocabulario general que es una traducción de la guía internacional ISO/IEC 2 :1996.

Norma es un documento establecido por consenso y aprobado por un organismo reconocido que proporciona, para uso común y repetido, reglas, lineamientos o características de las actividades o sus resultados, que tienen por objeto garantizar un nivel de orden óptimo en un contexto dado.

De una manera simple, Normalización podría definirse como las actividades llevadas a cabo para la elaboración de una norma.

Una Norma es el resultado del trabajo técnico y acuerdos obtenidos entre las partes interesadas (integrantes) de los Comités Técnicos de Normalización Nacional del Instituto Mexicano de Normalización y Certificación, A.C. (IMNC/CTNN).

Filosofía de la normalización

Principios científicos de la normalización. La normalización, como cualquier disciplina científica y tecnológica, cuenta con sus principios, los cuales tienen como característica principal darle orientación y flexibilidad al proceso normativo para que este pueda adaptarse a las necesidades del momento y no constituir una traba en el futuro. La experiencia ha permitido tres principios, en los cuales coinciden agentes de diferentes lugares y épocas:

1. Homogeneidad. Cuando se va a elaborar o adaptar una norma, esta debe integrarse perfectamente a las normas existentes sobre el objeto normalizado, tomando en cuenta la tendencia evolutiva para no obstruir futuras normalizaciones.

2. Equilibrio. La normalización debe lograr un estado de equilibrio entre el avance tecnológico mundial y las posibilidades económicas del país o región. Una norma que establece el estado más avanzado del progreso técnico no servirá si esta no fuera de las posibilidades económicas de una empresa o país.

3. Cooperación. La normalización es un trabajo de conjunto y las normas se deben establecer con el acuerdo y cooperación de todos los factores involucrados, es decir: Interés general, compradores o usuarios y los fabricantes.

Aspectos fundamentales de la normalización. El objetivo fundamental de la normalización es elaborar normas que permitan controlar y obtener un mayor rendimiento de los materiales y de los métodos de producción, contribuyendo así a un mejor nivel de vida.

Las normas, producto de esta actividad deben comprender tres aspectos fundamentales:

1. Simplificación. Esta constituye un estudio serio y preciso que consiste en una ordenación racional y sistemática para eliminar todo lo que es fruto de la improvisación, capricho o ignorancia.

2. Unificación. La unificación significa definir las tolerancias de fabricación; unificar es definir las características dimensionales.

3. Especificación. Especificar es definir la calidad por métodos reproducibles y comprobables.

Metodología de la normalización.

1. Investigación bibliográfica e industrial.

2. Elaboración de un anteproyecto de norma basándose en los datos obtenidos.

3. Confrontación de este anteproyecto con la opinión de los sectores comprador, productor y de interés general; hasta llegar a un acuerdo.

4. Promulgación de la norma.

5. Confrontación con la práctica.

Etapas de desarrollo de la Norma

El Instituto Mexicano de Normalización y Certificación, A.C. (IMNC) plante a las siguientes 9 etapas para el desarrollo de las normas:

- Etapa 0: Etapa preliminar

- Etapa 1: Etapa de propuesta

- Etapa 2: Etapa preparatoria

- Etapa 3: Etapa de comité

- Etapa 4: Etapa de encuesta

- Etapa 5: Etapa de aprobación

- Etapa 6: Etapa de publicación

- Etapa 9: Etapa de mantenimiento

(Instituto Mexicano de la Normalización y Certificación, A.C, 2015)

1.2 Espacio de Normalización
El concepto de espacio de la normalización permite primero identificar y después definir a una norma por medio de su calidad funcional y apoyándose en varios atributos a la vez, las cuales están representados por tres ejes: aspectos, niveles y dominio de la normalización. Este concepto de espacio tiene como único fin ilustrar tres atributos importantes de la problemática de la normalización. Es pertinente aclarar que este espacio no puede tomarse como un espacio matemático de variables y continuas ni discretas.

Han sido propuestas varias modificaciones a este espacio, por ejemplo: se agregó la cuarta dimensión relacionada con el tiempo de estudio de la norma y su aplicación. Pero ninguna de estas cuatro dimensiones da una identidad que abarque su funcionalidad.

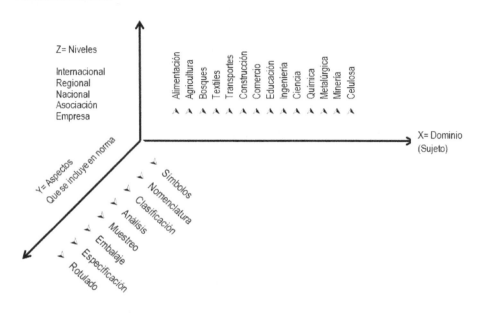

Ilustración 2. Espacio de la normalización

Existen otras dimensionas que influyen sobre la cantidad funcional de una norma y, por lo tanto, sobre la contribución de la normalización al progreso industrial y al bienestar de nuestra sociedad. La modificación más interesante, propuesta por el doctor H.C. Visvesray, presenta los siguientes atributos abstractos de calidad funcional:

> ➢ El contenido tecnológico de las normas que él llama orientación tecnológica
> ➢ La naturales de la interfaz considera por la norma para la transferencia de tecnología, a la cual llama interfaz de transferencia
> ➢ El sistema sociotécnico-económico al cual pertenece la norma, a la cual llama status de sistema.

Dominio de la normalización (eje X)

En este eje se encuentran las actividades económicas de una región, un país o grupo de países, por ejemplo: ciencia, educación, medicina, metalurgia, agricultura, industria alimentaria, fruticultura, etc.

Un objeto de la normalización puede pertenecer a más de un dominio, por ejemplo: el papel pertenece a la industria papelera, a la de las artes gráficas, a la educación, a la de las artes gráficas, a la educación, a la publicidad, etc.

Aspectos de la normalización (eje Y)

Un aspecto de la normalización es un grupo de exigencias semejantes o conexas. La norma de un objeto puede referirse a un solo aspecto, por ejemplo: nomenclatura, símbolos, muestreo o definiciones; o bien puede contemplar varios aspectos, como es el caso general de normas de producto, las cuales cubren definiciones, dimensiones, especificaciones, métodos de prueba, muestreo, etcétera.

Niveles de la normalización (eje Z)

Cada nivel de la normalización está definido por el grupo de personas que utilizan la norma; entre estos grupos pueden citarse los siguientes; empresa, asociación, nación y grupo de naciones.

Ilustración 3. Pirámide de la normalización

Los objetivos de la Normalización:

1.- Facilitar el comercio interno y externo.

- Sinónimo de confianza.
- Elemento de promoción de exportaciones.

2.- Proteger al consumidor.

3.- Proteger a los trabajadores, al ambiente y a la comunidad.

1.3 Esquema mexicano de Normalización

Dirección General de Normas

Metrología Científica	Metrología Industrial	Metrología Legal
• CGPM	• LABS. CALIBRACIÓN	• REGULACIONES
• BIPM	• LABS. ENSAYO (MEDICIÓN)	• NORMAS
• CIPM	• INDUSTRIA	• AUTORIZACIÓN DE PATRONES
• CENAM	• COMERCIO	• LEYES Y REGLAMENTOS
• (ARM) NORAMET	• ARM (NACC)	• SGUM
• SIM	• PATRONES SECUNDARIOS	• UVA'S
• PATRONES NACIONALES	• INSTRUMENTOS	• APROBACIÓN DE MODELO O PROTOTIPO
• TRAZABILIDAD		• OIML
• CALIBRACIÓN		

1.4 Fundamentos legales

Artículo 5° En los Estados Unidos Mexicanos el Sistema General de Unidades de Medida es el único legal y de uso obligatorio

Artículo 6° Excepcionalmente la S.E. podrá autorizar el empleo de unidades de medida en otros sistemas, por estar relacionados con países extranjeros que no hayan adoptado el mismo sistema. En tales casos deberán expresarse conjuntamente con las unidades de otros sistemas, su equivalencia con las del Sistema General de Unidades de Medida, salvo que la propia Secretaría exima de esa obligación.

Artículo 4° del RLFMN Para efectos del artículo 6° de la Ley, la Secretaría podrá autorizar excepcionalmente el uso de unidades previstas en otros sistemas de unidades de medida, cuando dichas unidades no estén contempladas en la Ley y en las normas oficiales mexicanas relativas al Sistema General de Unidades de Medida. En este supuesto el producto final ostentará en la etiqueta la equivalencia de dichas unidades con las del Sistema General de Unidades de Medida.

En los casos en que la Secretaría exima de la obligación de expresar la equivalencia de las unidades de otros sistemas conjuntamente con las del sistema General de Unidades de Medida, deberá fijar el plazo durante el cual operará dicha excepción.

Para la autorización de las unidades antes mencionada existe el trámite SE-04-001 "Autorización para el uso de unidades de medida previstas en otros sistemas de unidades de medida"

Grupos de interés y Comités Técnicos

Las partes interesadas en normalización, comprenden a todos aquellos grupos que tienen un interés en la normalización porque son afectados por ella y por lo tanto, desean contribuir en el proceso de desarrollo de normas.

Las partes interesadas participan en el trabajo técnico del IMNC nombrando personal con experiencia, para que sea representada y contribuir en el desarrollo de las normas. Los integrantes de los Comités, normalmente se componen de una mezcla de grupos de partes interesadas y representan las posiciones que han sido consolidadas entre los sectores que representan.

1.5 Normas Oficiales Mexicanas NOM

De acuerdo con la Ley Federal sobre Metrología y Normalización básicamente existen tres tipos de normas:
Normas Oficiales Mexicanas (NOM).-son regulaciones técnicas de carácter obligatorio. Regulan los productos, procesos o servicios, cuando éstos puedan constituir un riesgo para las personas, animales y vegetales así como el medio ambiente en general, entre otros.

Normas Mexicanas (NMX).- son elaboradas por un organismo nacional de normalización, o la SE. Establecen los requisitos mínimos de calidad de los productos y servicios, con el objetivo de proteger y orientar a los consumidores. Su aplicación es voluntaria, con excepción de los casos en que los particulares manifiesten que sus productos, procesos o servicios son conformes con las mismas; cuando en una NOM se requiera la observancia de una NMX para fines determinados.

Normas de Referencia (NRF).- son elaboradas por las entidades de la administración pública para aplicarlas a los bienes o servicios que adquieren, arrienden o contraten, cuando las normas mexicanas o internacionales no cubran los requerimientos de las mismas o sus especificaciones resulten obsoletas o inaplicables.

1.6 Normas mexicanas NMX

Toda empresa que quiera vender un producto o servicio debe cumplir con lineamientos, esto redundará en un mejor posicionamiento en el mercado e incremento de la calidad del producto o servicio que ofrezca.

De acuerdo con el Manual General de Organización de la Secretaría de Economía, la Dirección General de Normas es responsable de coordinar el sistema de normalización y evaluación de la conformidad, con base en lo dispuesto en Ley Federal sobre Metrología y Normalización y su Reglamento, para fomentar la competitividad de la industria y el comercio en el ámbito nacional e internacional.

Algunas de sus funciones son:

1. Formular, revisar, expedir, modificar, cancelar y difundir las normas oficiales mexicanas y normas, así como determinar la fecha de su entrada en vigor.

2. Constituir, organizar y presidir el Comité Consultivo Nacional de Normalización para la elaboración de normas oficiales.

3. Registrar, verificar y vigilar a los organismos nacionales de normalización y, en su caso, participar en sus órganos de gobierno, así como suspender o

cancelar su registro.

4. Codificar por materias las normas oficiales mexicanas, normas mexicanas, normas extranjeras e internacionales, mantener el inventario y colección de éstas, y establecer y operar el servicio de información.

5. Coordinar y supervisar el Sistema Nacional de Acreditamiento de Laboratorios de Pruebas y el Sistema Nacional de Calibración y participar en ellos.

6. Participar en la celebración de acuerdos con instituciones oficiales extranjeras e internacionales para el reconocimiento mutuo de los resultados de la evaluación de la conformidad.

Para conocer las NMX consultar el apartado de la Secretaria de Economía, correspondiente a normas mexicanas en la siguiente paguina:

http://www.economia-nmx.gob.mx/normasmx/index.nmx

Unidad 2 Metrología

"La metrología es la ciencia de las mediciones y sus aplicaciones. Incluye todos los aspectos teóricos y prácticos de las mediciones, cualesquiera que sean su incertidumbre de medida y su campo de aplicación"

2.1 Antecedentes

El estudio de fenómenos físicos se realiza mediante una secuencia de pasos que parten de la simple observación, pasan por la descripción, lo más detallada posible, y llegan finalmente a establecer un modelo que genera, basada en un análisis mediante herramientas (generalmente la física y la matemática) los resultados que lo convalidan y permiten ser avalados por el comportamiento final del fenómeno en sí.

Antes de aparecer la escritura cuneiforme en la antigua Mesopotamia, se había concebido el sistema de medidas, fundamento de la metrología practicada hasta la edad media y ancestro del actual sistema métrico. Con el progreso de la agricultura y el comercio entre los pueblos, fue preciso definir magnitudes con la mayor exactitud y universidad posible, y establecer procedimientos que permitieran medirlas de modo fiable.

Nuestros antepasados desarrollaron mecanismos para registrar longitudes, áreas, volúmenes y masas. Muchas medidas de la antigüedad se derivaron de la anatomía humana. Todavía usamos las palmas para medir distancias. En el mundo anglosajón, la yarda, la pulgada y el pie aún son medidas cotidianas.

La pulgada describe la longitud del ultimo segmento del pulgar, la yarda (corresponde a tres pies) la distancia entre la punta de la nariz y la yema de los dedos con el brazo estirado. En cuanto al pie (equivale a doce pulgadas o casi treinta centímetros y medio), sorprende que su promedio actual sea de solo 24 cm. Sin duda, desde antaño, esta unidad se refiere a la longitud de un pie calzado, lo cual era ventajoso para medir espacios en el exterior.

Para medir grandes distancias o superficies, nuestros ante pasados se valían del tiempo. Una jornada y una luna representaban las distancias que podían recorren en un día de viaje o en un mes lunar. Un acre denotaba la superficie de la tierra que una yunta de bueyes podía arar en un día.

Con el paso del tiempo se introdujeron definiciones más exactas para evitar la impresión asociada a estas medidas.

El primer patrón de medida del que se tiene constancia es el pie del príncipe de Judea de Lagash, antigua ciudad de Sumeria y posteriormente Babilonia. Judea gobernó esta ciudad desde 2144 hasta 2124 antes de cristo. La medida consiste en una regla sobre el regazo de una estatua de diorita que representa al príncipe y data del año 2050 antes de cristo. La regla mide 26.5 cm y está dividida en 16 partes o dedos. El pie de Judea se utilizó extensamente en la antigua Persia.

Siglos después, Eratóstenes midió la circunferencia terráquea mediante los estadios que está basados en esta unidad (un estadio equivalente a 600 pies). En Roma, las balbosas del mausoleo de Augusto, fueron dimensionadas según el pie de Judea. También las piedras de la catedral gótica de Ovieto, intercaladas en blanco y negro, tienen una altura que corresponde exactamente con dicha unidad.

En 1875 con la ratificación de la comisión del Metro y la fundación de la conferencia general de pesos y medidas, se establecieron definitivamente estándares internacionales basados en el sistema decimal, los cuales originaron en el Sistema Internacional de Unidades.

De aquella época data nuestra actual medida de longitud, una barra de platino e iridio que a una temperatura de 0° C, representa exactamente un metro.

La tradición milenaria de definir distancias con base en la longitud de un objeto se abandonó definitivamente a mediados del siglo pasado. En 1960 el patrón de medida fue sustituido por el múltiplo de longitud de onda de radiación electromagnética; se abrían así las puertas a la metrología óptica, que ha experimentado una revolución desde la invención del Láser en 1958. Al proyectar la luz del Láser por dos trayectorias distintas y después superponer ambos rayos, pueden observarse interferencias, cuyo análisis permite medir distancias con precisión casi absoluta. Actualmente en el llamado siglo del fotón, el interferómetro láser se convirtió en el caballo de batalla de la metrología dimensional.

Pero volvamos al tiempo y la luna. Por la incertidumbre asociada al patrón del metro al medir distancias astronómicas, la última redefinición de esta unidad fue en 1983. Según esta, un metro es la distancia que recorre la luz en el vacío durante un espacio de uno entre 299,792,458 segundos. Así, si enviamos un pulso de luz hacia la Luna con un Láser suficientemente potente y observamos su reflexión en un espejo ubicación allá, que de hecho existe, veríamos que tarda algo más de dos y medio segundos en regresar. Con este tiempo podríamos determinar el doble de distancia entre la tierra y la luna. El mismo principio utiliza el radar óptico o lidar para medir distancias más cortas, aunque en este caso el tiempo se tiene que medir con una exactitud del orden de una milésima de segundo.

No es difícil encontrar un aparato de medición basado en esta tecnología; hoy numerosos vehículos son equipados con radares ópticos para adaptar su velocidad de crucero al tráfico. No obstante, aquellos que prefieran remitirse al principio de la metrología, pueden visitar la estatua de Judaea en el museo Louvre.

Puente Léon, Fernando. (2006). El pie de Gudea, nacimiento de la metrología. *Ciencias* 81, enero-marzo, 68-71. [En línea]

Unidades de medida del México Prehispánico

Tabla 1 Unidades de medida del México Prehispánico

Unidad	Equivalencia	
Cemmatl	2,5027 m	3 varas españolas de 0,8359 m
Cenyollotli	0,90 m	entre el pecho y el fin de los dedos
Cemacolli	0,80 m	Articulación del hombro y fin de los dedos
Cenciacatl	0,70 m	Desde la axila hasta la mano
Cemmatzotzopatzi	0,40 ó 0,45 m	Del codo hasta la punta del dedo mas largo
Cemmapilli	0,07 m	Un dedo de la mano
Cennequetzalli	1,60 m	Una talla de Hombre

Fuente: Elaboración Propia

Unidades de medida del México Independiente

Tabla 2. Unidades de medida del México Independiente

Unidad	Equivalencia
almud	7,568 L
arroba	11,506 kg
cuarta	209,500 mm
fanega	90,814 L
legua	4,190 km
ochava	3,595 g
onza	28,765 g
quintal	46,025 kg
vara castellana	835,6 mm
vara mexicana	838 mm
criadero de ganado mayor	438,90 ha

Fuente: Elaboración Propia

2.2 Conceptos básicos

La definición del término metrología en la norma mexicana NMX-Z-055: 1996. IMNC. Metrología. Vocabulario de términos fundamentales y generales (VIM) es:

La metrología es la ciencia de la medición, comprendiendo las determinaciones experimentales y teóricas a cualquier nivel de incertidumbre en cualquier campo de la ciencia y la tecnología. (Escamilla, 2014; 2,).

Conceptos básicos en Metrología

Con el fin de ayudar a conocer y a unificar el lenguaje metrológico utilizado en este texto y empleado en documentos oficiales, en actividades educativas, científicas, tecnológicas, industriales y comerciales, y transcribimos, de la norma **NMX-Z-055-1996-INMC**, algunas definiciones de términos fundamentales.

Ajuste: Operación destinada a llevar a un instrumento de medición a un estado de funcionamiento conveniente para su uso.

Calibración: Conjunto de operaciones que establece en condiciones especificadas, la relación entre los valores de las magnitudes indicadas por un instrumento de medición o un sistema de medición, o los valores representados por una media materializada, o un material de referencia, y los valores correspondientes de la magnitud realizada por los patrones.

Exactitud de medición: Proximidad de la concordancia entre el resultado de una medición y un valor verdadero del mensurando.

Exactitud (de un instrumento de medición): Aptitud de un ¨instrumento de medición¨ de dar respuestas próximas a un valor verdadero.

Incertidumbre de medición: Parámetro asociado al resultado de una medición, que caracteriza la dispersión de los valores que podrían razonablemente, ser atribuidos al mensurando.

Magnitud (medible): Atributo de un fenómeno, cuerpo o sustancia que es susceptible de ser diferenciado cualitativamente y determinado cuantitativamente.

Mensurado: Magnitud particular sujeta a medición.

Patrón: Medida materializada, instrumento de medición, material de referencia o sistema de medición destinado a definir, realizar, conservar o reproducir una unidad, o uno o varios valores de una magnitud para servir de referencia.

Repetibilidad: Proximidad de la concordancia entre los resultados de la mediciones sucesivas del mismo mensurado, con las mediciones realizadas con la aplicación de la totalidad de las siguientes condiciones: el mismo procedimiento de medición, mismo observador, el mismo instrumento de medición utilizado en las misma condiciones, el mismo lugar, la repetición dentro de un periodo de corto de tiempo.

Reproducibilidad: Proximidad de la concordancia entre los resultados de las mediciones del mismo mensurado, con las mediciones haciendo variar las condiciones de medición, tales como: el principio de medición, el método de medición, el observador, el instrumento de medición, el patrón de referencia, el lugar, las condiciones de uso, el tiempo.

Resolución (de un dispositivo indicador): La mínima diferencia de indicación de un dispositivo indicador, que puede ser percibida de manera significativa.

Trazabilidad: Propiedad de resultado de una medición o del valor de un patrón, tal que esta puede ser relacionada con referencia determinadas, generalmente patrones nacionales o internacionales, por medio de una cadena interrumpida de comparaciones teniendo todas incertidumbres determinadas.

Unidad (de medida): Magnitud particular definida y adoptada por convención, y con la cual se comparan las otras magnitudes de la misma naturaleza para expresar cuantitativamente su relación con esta magnitud.

2.3 Sistema Internacional de medidas

De acuerdo a González y Zeleny (1998), hoy en día contamos con el sistema internacional de unidades (SI) que es una versión modernizada del sistema métrico establecido por acuerdo internacional, suministra un marco lógico interconectado con todas las mediciones de ciencia, industria y comercio.

Oficialmente abreviado SI, el sistema es construido sobre los cimientos que forman siete unidades base, más dos unidades suplementarias.

Todas las demás unidades del SI se derivan desde estas unidades. Los múltiplos y submúltiplos son expresados en un sistema decimal.

Unidades base del SI

Tabla 3. Unidades Base del SI

Longitud	=	Metro	m
Masa	=	Kilogramo	kg
Tiempo	=	Segundo	s
Corriente Eléctrica	=	Ampere	A
Temperatura	=	Kelvin	K
Cantidad De Substancia	=	Mol o mole	mol
Intensidad Luminosa	=	candela	cd

Fuente: Elaboración Propia

Unidades suplementarias

Tabla 4. Unidades Suplementarias del SI

Angulo plano	=	Radian	rad
Angulo solido	=	Estereorradián	sr

Fuente: Elaboración Propia

Unidades de base del Sistema Internacional

- Metro:

Es la longitud de la trayectoria recorrida por la luz en el vacío, durante un lapso de 1/299 792 458 de segundo (17ª CGPM de 1983).

Ilustración 4. Ilustración del Patrón del Metro

- Kilogramo:

Es la masa igual a la del promedio del prototipo internacional del kilogramo (1ª y 3ª CGPM-1889 Y 1901).

Ilustración 5. Ilustración del patrón del Kilogramo I

- Ampere:

Es la intensidad de una corriente eléctrica constante que mantenida en dos conductores paralelos rectilíneos, longitud infinita, de sección circular despreciable, colocados a un metro de distancia entre sí en el vacío producirá entre estos conductores una fuerza igual a 2x10-7 newton por metro de longitud (9ª CGPM-1948, resolución 2).

- Kelvin:

Es la función 1/273,16 de la temperatura termodinámica del punto triple del agua (13ª CGPM 1967, resolución 4).

- Mol:

Es la cantidad de sustancia que contiene tantas entidades elementales como existen átomos en 0,012 kg de carbono 12(14ª CGPM 1979, resolución 3).

- Segundo:

Es la duración de 9 192 631 770 períodos de la radiación correspondiente a la transición entre dos niveles hiperfinos de átomos de cesio 133 (14ª CGPM- 1967, resolución 1).

- Candela:

Es la intensidad luminosa en una dirección dada de una fuente que emite una radiación monocromática de frecuencia 540 x 1012 Hertz cuya intensidad energética en esa dirección es 1/683 watt por Esterradían (16ª CGPM 1979, resolución 3).

Ejemplo de unidades SI derivadas sin nombre especial

Tabla 5. Unidades SI derivadas sin nombre especial

Magnitud	Nombre	Símbolo
Superficie	metro cuadrado	m^2
Volumen	metro cúbico	m^3
Velocidad	metro por segundo	m/s
Aceleración	metro por segundo al cuadrado	m/s^2
Concentración	mol por metro cúbico	mol/m^3

Fuente: Elaboración Propia

Unidades que no pertenecen al SI, que se conservan para usarse con el SI

Tabla 6. Unidades que se conservan al unirse al SI

Magnitud	Unidad	Símbolo
Tiempo	minuto	**min**
	Hora	**h**
	Día	**d**
	Año	**a**
Ángulo	grado	**°**
	minuto	**'**
	segundo	**"**
Volumen	litro	**l, L**
Masa	tonelada	**t**
Trabajo, energía	Electronvolt	**eV**
Masa	unidad de masa atómica	**u**

Fuente: Elaboración Propia

2.4 Sistemas de Medición

Temperatura

Es una medida de la energía cinética promedio de las moléculas. Aumentar la temperatura significa aumentar el movimiento de las moléculas.

Calor se define como la energía que pasa de un objeto a otro cuando están a diferente temperatura. Los objetos no tienen calor sino energía cinética. La temperatura puede medirse, y para ello se han diseñado sistemas con unidades para hacerlo. El sistema más usual establece, el grado centígrado como la unidad para medir la temperatura en una escala convencional llamada escala centígrada.

Presión

La presión se define como fuerza por unidad de área, y se obtiene dividiendo la fuerza entre el área sobre la cual actúa la fuerza.

$$presión = \frac{fuerza}{área}$$

La presión se puede expresar en cualquier unidad de fuerza dividida entre cualquier unidad de área. La unidad estándar (SI) de presión, el newton por metro cuadrado, se llama pascal (Pa), en honor de Blaise Pascal, teólogo y científico del siglo XVII. Una presión de 1 Pa es muy pequeña, y es igual aproximadamente a la presión que ejerce un billete descansando sobre una mesa. En ciencia se usan con más frecuencia los kilo pascales (1 kps = 1000 Pa) (Hewitt, 2004; 246).

Torsión

Torsión, torque o par torsional. Si al cuerpo que se quiera mover tiene un punto fijo sobre el cual debe girar, se define el torque como el producto del componente de la fuerza aplicada, perpendicular al radio de giro.

En ingeniería, torsión es la solicitación que se presenta cuando se aplica un momento sobre el eje longitudinal de un elemento constructivo o prisma mecánico, como pueden ser ejes o, en general, elementos donde una dimensión predomina sobre las otras dos, aunque es posible encontrarla en situaciones diversas. La torsión se caracteriza geométricamente porque cualquier curva paralela al eje de la pieza deja de estar contenida en el plano formado inicialmente por las dos curvas.

Esfuerzos Mecánicos

Los principales tipos de esfuerzos mecánicos son tracción, compresión flexión, cortadura y torsión. Estos esfuerzos se pueden producir tanto en piezas móviles como en estáticas solicitadas por unas determinadas fuerzas. Estos principales tipos de esfuerzos se describen de la siguiente manera:

- Tracción. Una pieza está sometida a tracción cuando las fuerzas que actúan sobre ella tienden a alargar su longitud. Ejemplo de este tipo de esfuerzos se produce en los cables tensores.

- Compresión. Un elemento está trabajando a compresión cuando las fuerzas tienden a aplastarlo. Un típico ejemplo de elemento trabajando a compresión son los pilares de una edificación.

- Flexión. Este tipo de esfuerzos se produce cuando la carga tiende a doblar el elemento; en maquinaria los ejes suelen trabajar a flexión.

- Torsión. Es cuando las cargas tienden a retorcer el elemento o pieza. Este tipo de esfuerzo es al que se solicita al eje de la manivela de una puerta cuando se produce la apertura de la misma.

- Cortante. Es cuando las fuerzas tienden a desgarrar o cortar la pieza. Por ejemplo, la carga que introducen unos alicates en el proceso de corte de un alambre.

Ilustración 6. Prueba de choque a camioneta CRV-Honda

En la ilustración 6 se evalúan los esfuerzos mecánicos que sufre un vehículo al colisionar para evaluar las condiciones de seguridad que ofrece a los pasajeros.

2.5 Diferencias, ventajas y desventajas de instrumentos analógicos y digitales.

Existen diferentes formas de visualización analógica aunque casi todas utilizan el mismo procedimiento: un índice giratorio (en ocasiones de movimiento lineal) se desplaza sobre una escala graduada hasta alcanzar una posición estable la cual señala un valor de la escala que corresponde al valor de la medición.

El desplazamiento del índice esta originado por el mecánico electromagnético del instrumento, el cual produce un empuje sobre el conjunto que contiene el índice cuyo valor es una función conocida f (Magnitud) del valor de la magnitud a medir. (Chacón, 2007: 73).

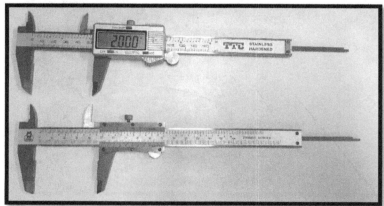

Ilustración 7. Calibrador Vernier Digital y Analógico

En los instrumentos digitales el valor resultado de la medida se muestra numéricamente en un visualizador (display) de un número determinado de dígitos. La base de estos instrumentos es el conversor analógico-digital (A/D) de naturaleza electrónica y sensible a tenciones. Entre otros dispositivos funcionales incluye un oscilador de frecuencia, el citado visualizador que muestra el resultado del contador, un elemento de referencia de tensión y otros elementos comparados entre el valor a leer y valores que internamente genera. (Chacón, 2007: 33).

Ilustración 8.Uso de Calibrador Vernier Digital

Ilustración 9. Uso de Calibrador Vernier Analógico

Diferencias entre los instrumentos analógicos y digitales

De acuerdo a Enríquez, (1994) las diferencias básicas entre los instrumentos analógicos y los instrumentos digitales se pueden resumir como sigue:

a) Los instrumentos digitales usan circuitos lógicos y técnicas para efectuar las mediciones y para procesar los datos, en tanto que los analógicos solo hacen mediciones.

b) Debido al desplego digital en forma de números, los instrumentos digitales son más fáciles de leer.

c) Los instrumentos digitales son más precisos que los analógicos. Por ejemplo si un instrumentos analógico tiene una precisión del 1%, el digital equivalente la tiene del 0.1%. Sin embargo, en los instrumentos digitales la frecuencia de calibración es importante.

d) La resolución de los instrumentos digitales es superior que la de los analógicos

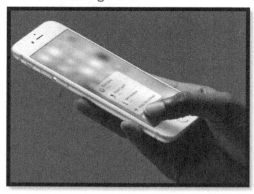

Ilustración 10. Dispositivo móvil digital con tecnología Touch 3D

Ventajas y desventajas de los instrumentos analógicos y digitales

Los instrumentos digitales ofrecen varias ventajas atractivas sobre los instrumentos analógicos incluyendo una mayor rapidez, mayor precisión y resolución, reducción en los errores del usuario, adicionalmente se tiene la posibilidad de tener procesos automáticos de medición.

La mayoría de los parámetros físicos a medir son de tipo analógico, de manera que para ser medidos con instrumentos digitales se deben convertir primero al formato digital para facilitar la medición. (Enríquez, 1994: 209).

Ilustración 11.Estudiantes analizando un indicador depresión análogo

2.6 Campo de aplicación de la Metrología

La metrología, como ciencia que se encarga de todo lo relativo a la medición, en el transcurso de su desarrollo, ha ido diferenciando tres aspectos rigurosamente distinguibles, pero con una necesaria relación.

De una parte, el afán unificador, la necesidad de reducir la calidad a la más estricta definición, ha requerido de una investigación científica más profunda. Lo demuestra el hecho de que los cientos de unidades de medición sugeridas espontáneamente en todo el mundo y a través de toda la historia, se ha podido avanzar hasta la concreción en 7 unidades fundamentales, longitud, masa, tiempo, temperatura, corriente eléctrica, intensidad luminosa y cantidad de sustancia, si bien se trabaja en la perspectiva de mayor reducción. Todo este vastísimo y profundo campo de investigación, constituye la metrología científica, la actividad que tiene como objetivo principal su definición rigurosa.

Pero si, de una parte, la preocupación por el rigor científico de las unidades de medición es una tarea que cada vez se hace más extensa, por otra parte, el mecanismo práctico de medición, que tiene un desarrollo inverso, hacia la proliferación, también se incrementa enormemente. Este es un campo de la práctica de las mediciones, es decir, de la tecnología; y en esto, la actividad productiva y el desarrollo tecnológico constituye una demanda continuamente creciente. Si en el primer caso tratamos de metrología científica, ahora se trata de metrología tecnológica.

Pero la medición es también un asunto jurídico. En el mercado, el vendedor debe dar estrictamente lo que corresponde al derecho establecido de la transacción comercial, ni le conviene dar más, ni le aceptaran que den menos. La autoridad vigilará que se realice lo más justo posible. Se trata ahora de la metrología legal; esta, necesariamente deberá establecer en el país unidades de medición, sistemas de mediación, métodos de medición, etc., que sean los más convenientes para la buena marcha de la industria y el comercio. Incluso los aparatos de medición, que se usen en las transacciones comerciales deberán ser certificados por la autoridad.

Por consiguiente, la ciencia de la medida, la Metrología, es tan diversa, tan amplia, que ya se divide por especialidades. De manera muy general tenemos:

Metrología Científica: Es aquella que no está relacionada con los servicios de calibración que hacen en la industria. Su función radica en la búsqueda y materialización de los patrones internacionales.

Metrología Técnica: Es la encargada de "traducir" terminología de rigor científico y la aplicación práctica común cotidiana. La expresión "Metrología Técnica" correspondiente al francés "Metrologie Technique" es remplazada a menudo en español por "Ingeniera de Mediciones". En su acepción restringida equivale a "Metrología Dimensional" y "Metrotécnica".

Campo de la aplicación de la metrológica técnica

En el siguiente cuadro se presenta el campo de aplicación de la metrología.

Longuitudes:
- Interiores
- Exteriores
- Profundidades

Ángulos: Ángulos cualesquiera

Superficies: Rugosidad

Formas por elementos aislados:
- Rectitud
- Plenitud
- Circularidad
- Cilindricidad
- Formas de una línea
- Forma de una superficie

Orientación por elementos Asociados:	• Paralelismo • Perpendicularidad • Inclinación
Posición por elementos asociados	• Localización de un elemento • Concentricidad • Coaxialidad

3. Metrología industrial: Compete a laboratorios autorizados su función es dar servicios de calibración de patrones y equipos internacionales primarios y secundarios; así como mantener laboratorios oficiales que conserven estos patrones.

Ilustración 12.IMNC la encargada de regular en el país las condiciones metrológicas de las industrias.

Para llevar un orden de esta cadena de calibración se sigue la siguiente cadena metrológica.

Cadena Metrológica

Centro Nacional De Metrología (Cenam)	Patrones Primarios
Laboratorios Acreditados	Patrones Secundarios
Servicios De Calibración	Patrones Terciarios
Usuarios	Instrumentos De Medición

4. Metrología legal: tiene como función establecer el cumplimiento de la legislación metrológica oficial como: la conservación de patrones internacionales, primarios y secundarios así como laboratorios oficiales que conserven estos patrones.

Ilustración 13.La PROFECO en México se auxilia dela metrología.

2.7 Tipos de errores

De acuerdo a González y Zeleny (1998), al hacer mediciones, las lecturas que se obtienen nunca son exactamente iguales, aun cuando las efectué la misma persona, sobre la misma pieza, con el mismo instrumento, el mismo método y en el mismo ambiente (repetibilidad); si las mediciones las hacen diferentes personas con distintos instrumentos o métodos o en ambientes diferentes, entonces las variaciones en las lecturas son mayores (reproducibilidad). Esta variación puede ser relativamente grande o pequeña, pero siempre existirá.

En una serie de lecturas sobre una misma dimensión constante, la inexactitud o incertidumbre es la diferencia entre los valores máximos y mínimos obtenidos.

Incertidumbre = valor máximo – valor mínimo

El error absoluto es la diferencia entre el valor leído y el valor convencionalmente verdadero correspondiente.

Error absoluto = valor leído – valor convencionalmente verdadero

Sea, por ejemplo, un remache cuya longitud es 5.4 mm y se mide 5 veces sucesivas, obteniéndose las siguientes lecturas:

El signo nos indica si la lectura es mayor (signo +) o menor (signo -) que el valor convencionalmente verdadero.

5.5, 5.6, 5.5, 5.6, 5.3 mm

La incertidumbre será = 5.6 – 5.3 = 0.3 mm

Los errores absolutos de cada lectura serian:

5.5 - 5.4 = 0.1 mm; 5.6 – 5.4 = 0.2 mm; 5.5 – 0.1 mm

5.6 – 5.4 = 0.1 mm; 5.3 – 5.4 = - 0.1 mm.

Impacto en la medición:

De acuerdo a González y Zeleny (1998), por lo general, cuando se efectúa la medición los valores medidos se registran. Para mediciones críticas es mejor que dos personas trabajen juntas, ya que una se dedica a medir y otra se especializa en registrar la medición. En este caso las notas se deben tomar como se indica en los siguientes párrafos.

Ilustración 14.Estudiantes registrando mediciones.

Para el operador las indicaciones son las siguientes:

A) Con pronunciación clara y correcta, dicte al personal de registro los valores medidos.

B) Inmediatamente después de tomar el dato, asegúrese otra vez del valor medido para evitar una lectura errada.

C) Asegúrese de que el personal de registro repita verbalmente el valor correcto en el momento de la lectura de datos.

D) Efectué las mediciones en las mismas condiciones cada vez.

2.8 Clasificación y causa de errores en cuanto su origen

De acuerdo a González y Zeleny (1998), atendiendo el origen donde se produce el error, puede hacerse una clasificación general de estos en: errores causados por el instrumento de medición, causados por el operador o el método de medición (errores humanos) y causados por el medio ambiente en que se hace la medición.

✓ **Errores por el instrumento o equipo de medición**

Las causas de errores atribuibles al instrumento, pueden deberse a defectos de fabricación (dado que es imposible construir aparatos perfectos). Estos pueden ser deformaciones, falta de linealidad, imperfecciones mecánicas, falta de paralelismo etc. El error instrumental tiene valores máximos permisibles, establecidos en normas o información técnica de fabricación d instrumentos, y puede determinarse mediante calibración.

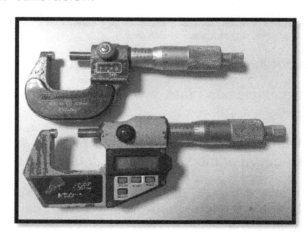

Ilustración 15. Micrómetros averiados.

✓ Errores del operador o por el método de medición

Muchas de las causas del error aleatorio se deben al operador, por ejemplo: falta de agudeza visual, descuido, cansancio, alteraciones emocionales, etc. Para reducir este tipo de errores es necesario adiestrar al operador: otro tipo de errores son debidos al método o procedimientos con que se efectúa la medición, el principal es la falta de un método definido y documentado.

Ilustración 16. Operario con audífonos y lentes obscuros.

✓ Error por el uso de instrumentos no calibrados

Instrumentos no calibrados o cuya fecha de calibración esta vencida, así como instrumentos sospechosos de presentar alguna anormalidad en su funcionamiento no deben utilizarse para realizar mediciones hasta que no sean calibrados y autorizados para su uso.

Ilustración 17. Micrómetros defectuosos por calibración.

✓ Error por la fuerza ejercida al efectuar mediciones

La fuerza ejercida al efectuar mediciones puede provocar deformaciones en la pieza por medir, el instrumento o ambos, por lo tanto es un factor importante que debe considerarse para elegir adecuadamente el instrumento de medición para cualquier aplicación particular. Por ejemplo, en vez de utilizar un micrómetro con trinquete o tambor de fricción puede requerirse uno de baja fuerza de medición.

Ilustración 18. Error por Fuerza Ejercida

✓ **Error por instrumento inadecuado**

Antes de realizar cualquier medición es necesario determinar cuál es el instrumento o equipo de medición más adecuado para la aplicación de que se trate. Además de la fuerza de medición, debe tenerse presente otros factores tales como:

- Cantidad de piezas por medir
- Tipo de medición (externa, interna, altura, profundidad etc.)
- Tamaño de la pieza y exactitud deseada.

Existe una gran variedad de instrumentos y equipos de medición, como se muestra esquemáticamente abarcando desde un simple calibrador vernier hasta avanzada tecnología de las máquinas de medición por coordenadas de control numérico, comparadores ópticos, micrómetros laser y rugosimetros, entre otros.

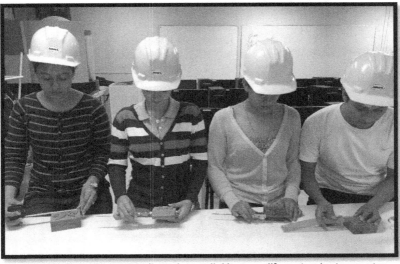

Ilustración 19. Estudiantes realizando medición con diferentes instrumentos.

✓ **Error por puntos de apoyo**

Especialmente en los instrumentos de gran longitud, la manera como se apoya el instrumento provoca errores de lectura. En estos casos deben utilizarse puntos de apoyo especiales, como los puntos Airy o los puntos Bessel.

✓ **Errores por métodos de sujeción del instrumento**

Un indicador de caratula está sujeto a una distancia muy grande del soporte y al hacer la medición la fuerza ejercida provoca una desviación del brazo. La mayor parte del error se debe a la deflexión del brazo, no del soporte; para minimizarlo se debe colocar siempre el eje de medición lo más cerca posible al eje del soporte.

Ilustración 20. Indicador de caratula usado por estudiante.

✓ Error por distorsión

Gran parte de la inexactitud que causa la distorsión de un instrumento puede evitarse manteniendo en mente la ley de Abbe: la máxima exactitud de medición es obtenida si el eje de medición es el mismo del eje del instrumento. En la figura muestra un micrómetro tipo calibrador. Puede verse que los errores los provoca la distorsión debido a la fuerza de medición aplicada y el hecho de que tal vez los topes no se muevan paralelos uno respecto del otro.

✓ Error de paralaje

Este error ocurre debido a la posición incorrecta del operador con respecto a la escala graduada del instrumento de medición, la cual está en un plano diferente. El error de paralaje es más común de lo que cree. En una muestra de 50 personas que usan calibradores con vernier la dispersión fue de 0.04 mm. Este defecto se corrige mirando perpendicularmente el plano de medición a partir del punto de lectura.

Ilustración 21.Paralelaje de estudiantes usando dos tipos diferentes de instrumentos de medición.

✓ **Error de posición**

Este error lo provoca la colocación incorrecta de las caras de medición de los instrumentos, con respecto de las piezas por medir, como se muestra en la imagen 18.

Ilustración 22. Uso de indicador de caratula con mal posicionamiento.

✓ **Error por desgaste**

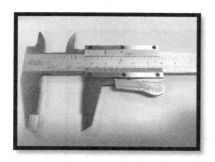

Los instrumentos de medición, como cualquier otro objeto, susceptibles de desgaste, natural o provocado por el mal uso. En el caso concreto de los instrumentos de medición, el desgaste puede provocar una serie de errores durante su utilización, por ejemplo: deformaciones de sus partes, juego entre sus ensambles, falta de paralelismo o plenitud entre las caras de medición, etc. Estos errores pueden originar, a su vez, decisiones equivocadas; por tanto, es necesario someter a cualquier instrumento de medición a una inspección de sus características. Estas inspecciones deberán repetirse periódicamente durante la vida útil del instrumento.

✓ **Error por condiciones ambientales**

Entre las causas de errores se encuentran las condiciones ambientales en que se hacen la medición; entre las principales destacan la temperatura, la humedad, el polvo y las vibraciones o interferencias (ruido) electromagnéticas extrañas.

Ilustración 23. Operadores en condiciones ambientales diferentes

Humedad: debido a los óxidos que se pueden formar por humedad excesiva en las caras de medición del instrumento o en otras partes o a las expansiones por absorción de humedad en algunos materiales, etcétera, se establece como norma una humedad relativa de 55% +/- 10%.

Polvo: los errores debido a polvo o mugre se observan con mayor frecuencia de lo esperado, algunas veces alcanzan el orden de 3 micrómetros. Para obtener medidas exactas se recomienda usar filtros para el aire que limiten la calidad y el tamaño de las partículas de polvo ambiental.

Temperatura: en mayor o menor grado, todos los materiales que componen tanto las piezas por medir como los instrumentos de medición, están sujetos a variaciones longitudinales debido a cambios de temperatura. En algunos casos ocurren errores significativos por ejemplo, en un experimento se sostuvo con las manos, a una temperatura de 31°C, una barra patrón de 200 mm durante 10 segundos y esta se expandió 1μm. también por esta razón los arcos de los micrómetros se cubren con placas de aislante térmico en los costados.

Consecuencias en la medición

Deformaciones Elásticas

Las deformaciones elásticas por contracción de los elementos de verificación y de las piezas medidas son causas de errores metrológicos. En las mediciones por contacto, que son las más numerosas, la pieza sufre bajo el efecto de una carga, (presión de contacto), un ampliamiento general k y una deformación local k, de las superficies de contacto, el aparato mismo sufre una deformación cuando la presión es uniforme en el calibrado y durante las mediciones (GGHMMS, 2003; 6).

Deformaciones Permanentes

Desgaste. Este es ocasionado por el uso frecuente del instrumento o aparato. El desgaste se puede prevenir haciendo que las superficies de contacto sean duras y estén muy pulidas (GGHMMS, 2003; 7)

Envejecimiento

Después de efectuado el tratamiento términos en los calibres existe un estado molecular inestable que resulta del mecanismo o de los tratamiento térmicos aplicados. Este estado puede eliminarse ya sea mediante tratamientos a base de vibraciones o dejando las piezas de máquinas a la intemperie durante largo tiempo. Este tratamiento provoca una modificación muy pequeña en las dimensiones (GGHMMS, 2003; 7).

Imperfecciones mecánicas

Teniendo en cuenta que la perfección absoluta no existe, es preciso considerar los efectos que pueden tener las imperfecciones para medirlas en lo posible. Los juegos que ocasionan irregularidades de lectura se compensan con resortes, siempre que sea posible para evitar holguras (GGHMMS, 2003; 7).

Ilustración 24.Foto de estudiantes realizando mediciones.

2.9 Estudios RR

La calidad de un sistema de medición normalmente está determinada por las propiedades estadísticas de los datos que se generan. Aunque cada sistema de medición puede tener diferentes propiedades, hay algunas que todos los sistemas deben de incluir:

1) Estar bajo control estadístico, es decir, que la variación es debida a causas comunes solamente y no a causas especiales, a lo anterior se le denomina estabilidad estadística.

2) La variabilidad del sistema de medición debe ser pequeña comparada con la variabilidad del proceso de manufactura

3) La variabilidad debe ser pequeña comparada con los límites de la especificación

4) Los incrementos en las mediciones deben de ser más pequeños que la variabilidad del proceso o los límites de especificación. Una regla común dice, que los incrementos no deben ser mayores a un décimo del valor más pequeño de la variabilidad del proceso o los límites de especificación.

Colectivamente, estos procedimientos son a veces llamados "Estudio de instrumentos R&R" por qué evalúan las propiedades estadísticas reproducibilidad y repetibilidad. En general, son fáciles de usar en un ambiente manufacturero y aunque tienen fundamento estadístico, su uso y entendimiento por cualquier tipo de empleado es sencillo.

Estos estudios toman en cuenta la variación del operador o quien usa el instrumento, la variación del instrumento o equipo de medición, la variación conjunta de los dos, la variación de la característica a medir y la variación total.

Normalmente el valor de RyR no deberá rebasar de un 30% con respecto a la variación total o la tolerancia para considerar que se tiene un sistema de medición confiable

Análisis de los Sistemas de Medición (MSA)

MSA es un procedimiento matemático para cuantificar la variación introducida a un proceso o producto por el acto de medir.

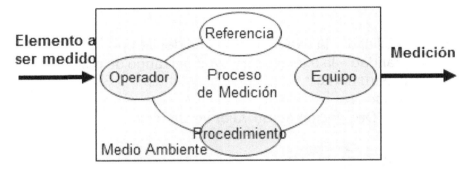

Ilustración 25. Procedimiento MSA

También conocido como estudios "Gage R&R" donde R&R es:

- Repetibilidad
- Reproducibilidad

Propósito

El propósito de un MSA es el evaluar o calcular el error debido a los sistemas de medición. El error puede ser particionado en fuentes específicas:

Precisión

- Repetibilidad – Con respecto a un operador o una pieza de equipo
- Reproducibilidad – entre operador y operador o entre un gage de atributos y otro

Exactitud

- Estabilidad – la exactitud a través del tiempo
- Linearidad - la exactitud a través del rango de medición del instrumento
- Resolución
- Bias – Desviación de un valor verdadero

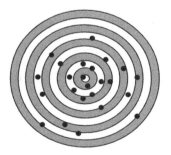 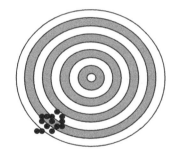

Exacto pero No Preciso   **Preciso pero No Exacto**

Un MSA puede ser usado para:

- Comparar estándares internos de inspección con los estándares de su cliente.
- Resaltar áreas donde entrenamiento en calibración puede ser requerido.
- Proveer un método para evaluar la efectividad del entrenamiento a los inspectores, así como servir como una excelente herramienta de entrenamiento.
- Proveer una excelente forma para:
  - Comparar equipo de medición existente.
  - Calificar nuevo equipo de inspección.

El Análisis de los Sistemas de Medición es importante para:

- Estudiar el % de variación en nuestro proceso que es causado por nuestro sistema de medición.
- Comparar los sistemas de medición entre operadores.
- Comparar las mediciones entres dos (o más) dispositivos de medición.
- Proveer criterios para aceptar nuevos sistemas de medición (típicamente equipo nuevo).
- Evaluar un instrumento ¨sospechoso¨.
- Evaluar un gage antes y después de repararlo.
- Determinar la verdadera variación del proceso.
- Evaluar la efectividad de un programa de entrenamiento.

Mediciones Apropiadas

Mediciones Apropiadas con aquellas que son:

- Suficientes – Disponibles para ser medidas regularmente.
- Relevantes –Ayudan a entender/aislar los problemas.
- Representativas – De los procesos a través de los turnos y de las diferentes personas.
- Contextuales – Colectadas con otra información relevante que pudiera explicar la variabilidad del proceso.

Mediciones Pobres

Pobres mediciones pueden resultar de:

- Pobres o no existentes definiciones operacionales.
- Mediciones Difíciles.
- Pobre muestreo.
- Falta de entendimiento de las definiciones.
- Dispositivos de medición inexactos, insuficientes o no calibrados.

Los errores de Medición comprometen decisiones que afectan:

- ✓ Clientes
- ✓ Productores
- ✓ Proveedores

Ejemplos que y cuando medir:

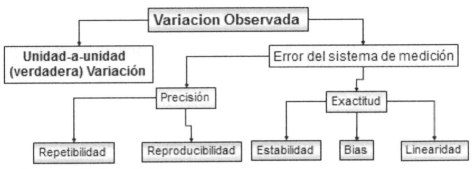

Ilustración 26. Variación Observada

- Métricos Primarios y Secundarios.
- Puntos de Decisión en mapas de procesos.
- Las "X's" en los procesos que afectan a las Y´s.
- Variables previas a pruebas de Hipótesis.
- Variables previas al modelamiento.
- Variables previas a Diseños de Experimento Planeados.
- Antes y después de cambios a los procesos.
- Para calificar a operadores

Siempre que se mida algo, la variación que se puede observar puede ser segmentada en los siguientes componentes.

Todos los sistemas de medición tienen error

Si no se sabe cuánto de la variación que observas se debe al sistema de medición, no puedes hacer decisiones certeras.

¿Qué se necesita tomar en cuenta en los sistemas de medición?

Precisión

Una métrica precisa es una que regresa el mismo valor de un atributo dado cada vez que un estimado es hecho.

Datos precisos son independientes de quién los estima o cuando es hecha la estimación.

La Precisión puede ser dividida en dos componentes:

- Repetibilidad
- Reproductividad

Repetibilidad

Repetibilidad es la variación en las mediciones obtenidas con **un instrumento de medida** usado varias veces por un evaluador mientras se miden características idénticas en la **misma parte.**

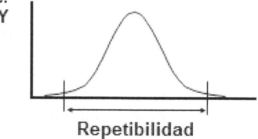

Ilustración 27. Repetibilidad

Por ejemplo:

- Manufactura: Una persona mide la pureza de múltiples muestras del mismo frasco y obtiene diferentes medidas de pureza.

- Transaccional: Una persona evalúa un contrato múltiples veces (Sobre un periodo de tiempo) y realiza diferentes determinaciones de errores.

Reproducibilidad

Reproducibilidad es la variación en el promedio de las medidas realizadas por **diferentes** evaluadores usando el **mismo instrumento de medición** cuando se miden características idénticas en la **misma parte.**

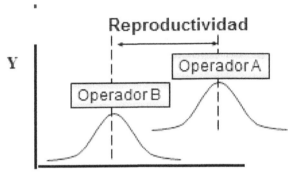

Ilustración 28. Reproducibilidad.

Por ejemplo:

- Manufactura: Gente diferente realiza pruebas de pureza en muestras del mismo frasco y obtiene resultados diferentes.

- Transaccional: Gente diferente evalúa el mismo contrato y realiza determinaciones diferentes.

Exactitud

Una medición exacta es la diferencia entre el promedio observado de la medida y el valor de referencia.

Cuando una medida o un sistema de medición consistentemente sobre o sub estiman el valor de un atributo, se dice que es "inexacto".

Exactitud puede ser calculada en varias formas:

- Medición de un estándar conocido
- Comparación con otro método de medición conocido
- Predicción de un valor teórico

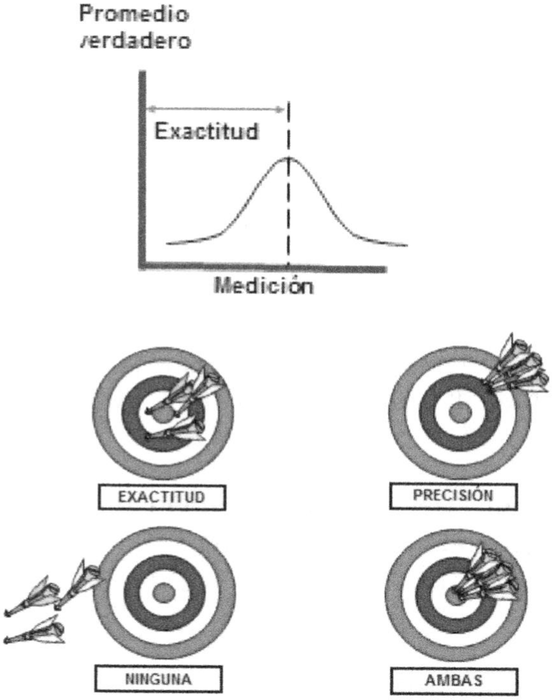

Ilustración 29. Exactitud vs Precisión.

2.8 Instrumentos de medición directa

La medición se puede dividir en directa e indirecta o por comparación. Los instrumentos de medición directa se colocan correctamente sobre la pieza a medir, como es el caso de un calibrador Pie de rey o un micrómetro. La medición indirecta utiliza métodos ópticos, electrónicos, neumáticos para obtener la dimensión final de una pieza. (Restrepo, 2015: 37).

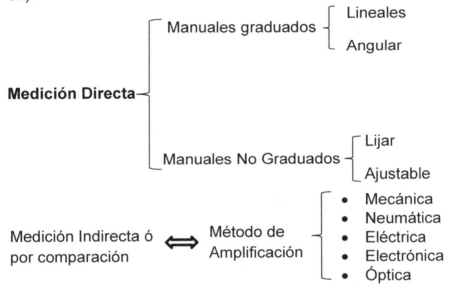

Ilustración 30. Medición Directa

Clasificación de los Instrumentos de Medición

De acuerdo a Restrepo (2015), la clasificación de los instrumentos de medición: **Instrumento de medición exacto:** es todo instrumento de medición en el cual, al realizar una serie de mediciones sucesivas en un mismo valor de su escala de medición, se observa que todas las mediciones realizadas, se acercan o son iguales al valor real.

instrumento de medición inexacto: es todo instrumento de medición en el cual, al realizar una serie de mediciones sucesivas en un mismo valor de su escala de medición, se observa que en todas las mediciones realizadas ninguna se acerca ni es igual al valor real.

Instrumento de medición preciso: es todo instrumento de medición en el cual al realizar una serie de mediciones sucesivas, en un mismo valor de su escala de medición, se observa que todas las medidas realizadas indican valores cercanos o iguales entre sí, pero no necesariamente indican valores cercanos o iguales al valor real.

Instrumento de medición impreciso: es todo instrumento de medición en el cual, al realizar una serie de mediciones sucesivas en un mismo valor de su escala de medición, se observa que todas las medidas realizadas indican valores diferentes y dispersos entre sí. El concepto de precisión y exactitud se puede entender con el siguiente ejemplo que tiene la relación con un juego de tiro al blanco.

Ilustración 31. Estudiantes utilizando instrumentos de medición.

Calibrador Vernier

El calibre es el instrumento de medida lineal que más se utiliza en el taller. Por medio del pie de rey se pueden controlar medidas de longitudes externas, internas y de profundidad. La precisión del calibre es entre 1/10, 1/20 y 1/50 mm.

La escala vernier lo invento Petrus nonius matemático portugués por lo que se le denomina nonius. El diseño actual de escala deslizante debe su nombre al francés Pierre vernier quien lo perfecciono. El calibrador vernier fue elaborado para satisfacer s necesidades de un instrumento de lectura directa que pudiera brindar una medida fácilmente, en una solo operación el calibrador típico puede tomar tres tipos de medición exteriores, interiores y profundidades, pero algunos pueden tomar medición de peldaños.

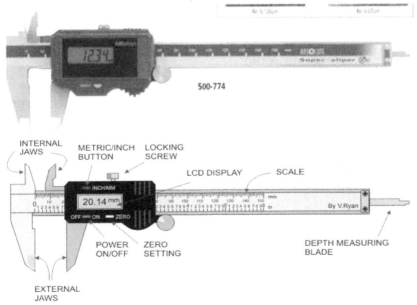

Ilustración 32. Partes del Vernier

Aplicaciones de los calibres

Las posibilidades del calibre como instrumento de medida son múltiples, como se puede comprobar en la figura en la que especificamos todas las formas de manejo es estos instrumentos:

- Medidas de exteriores, sean planos o cilíndricos.

- Medida de cojeados interiores con las orejas del calibre.

- Medida de la profundidad de una caja o un fondo con la sonda del calibre.

- Medida de puntos estrechos donde entran las partes delgadas del calibre.

- Trazado con la regla.

- Medida de diámetro en piezas/tubos cilíndricos, tanto exteriores como interiores.

- Marcado de un punto central.

Aplicaciones de la medición con Vernier

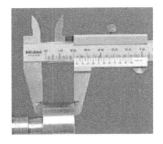

Ilustración 33. Medición de Exteriores

Ilustración 34. Medición de Profundidad.

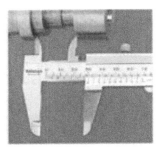

Ilustración 35. Medición de Interiores.

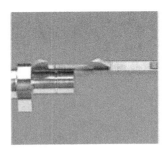

Ilustración 36. Medición de Escalón.

Diferentes Tipos de Calibradores Vernier Mitutoyo

Ilustración 37. Calibrador Vernier con puntas para Exteriores / Interiores

Ilustración 38. Calibrador Vernier con puntas para Exteriores / Interiores y Puntas Estándar.

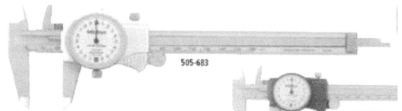

Ilustración 39. Calibrador Vernier Caratula

Ilustración 40. Calibrador Vernier con puntas intercambiables.

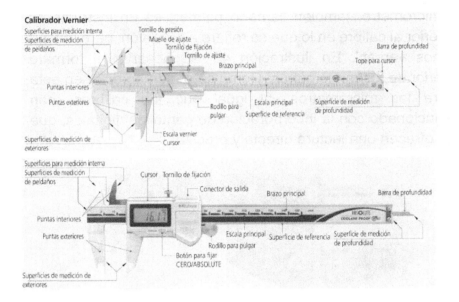

Ilustración 41. Nomenclatura de Calibradores Vernier Digital y Análogo.

Como leer la Escala del Calibrador Vernier

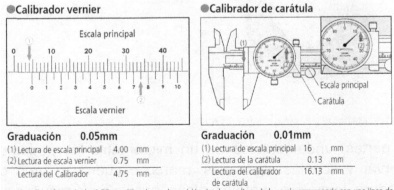

Graduación	0.05mm		Graduación	0.01mm	
(1) Lectura de escala principal	4.00	mm	(1) Lectura de escala principal	16	mm
(2) Lectura de escala vernier	0.75	mm	(2) Lectura de la carátula	0.13	mm
Lectura del Calibrador	4.75	mm	Lectura del calibrador de carátula	16.13	mm

Nota) Arriba a la izquierda, 0.75 mm (2) se lee en la posición donde una línea de la escala corresponde con una línea de graduación vernier.

Micrómetro

El micrómetro, también llamado palmer, es un instrumento superior al calibre en lo que se refiere a precisión, pero mucho menos versátil. En ilustración 42, se observa el formato exterior de los micrómetros. Como se puede apreciar en esta figura los micrómetros, al igual que los calibres, han evolucionado con la incorporación de pantallas digitales, que nos ofrecen una lectura directa y precisa.

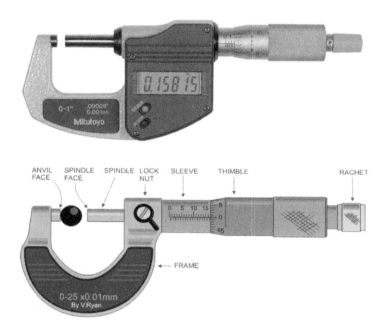

Ilustración 42. Micrómetro Análogo.

Las partes fundamentales de un micrómetro las podemos observar y son las siguientes: marco o cuerpo o arco de herradura, yunque o punto fijo plano, husillo o eje móvil (cuya punta es plana y paralela al punto fijo), escala graduada, seguro, manguito y perilla del trinquete. Este instrumento de medida está formado por un eje móvil con una parte roscada al extremo de la cual va montando un tambor graduado; haciendo girar el tambor graduado, se obtiene el movimiento del tornillo micrométrico, y por consiguiente el eje móvil que va a apretar la pieza contra el punto plano, sobre la parte fija, que esta solidaria al arco, va marcada la escala lineal graduada en milímetros.

Diferentes tipos de Micrómetros para profundidad marca Mitutoyo.

Ilustración 43. Micrómetro aprueba de refrigerantes.

Ilustración 44. Micrómetro con intervalo amplio.

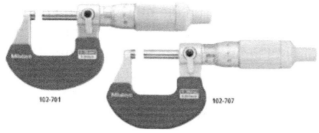

Ilustración 45. Micrómetro de tambor con Trinquete.

Ilustración 46. Micrómetro tipo calibrador.

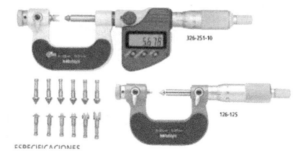

Ilustración 47. Micrómetro para roscas.

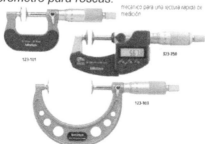

Ilustración 48. Micrómetros de disco.

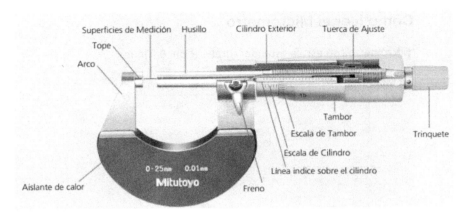

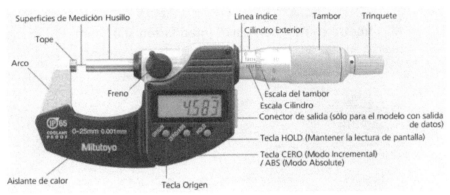

Ilustración 49. Nomenclatura de Micrómetro Análogo y Digital.

Como leer el Micrómetro

Micrómetro con escala estándar (graduación: 0.01mm)

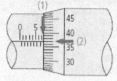

(1) Lectura del cilindro	7.00mm
(2) Lectura del Tambor	+ 0.37mm
Lectura del Micrómetro	7.37mm

Nota) 0.37 mm (2) se lee en la posición donde se encuentran alineadas la línea del cilindro con las graduaciones del tambor.

La escala se puede leer directamente a 0.01 mm, como se muestra arriba, pero también se puede estimar a 0.001 mm cuando las líneas están cerca de coincidir dado que el espesor de la línea es 1/5 del espaciado entre ellas.

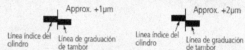

Approx. +1µm   Approx. +2µm

Línea índice del cilindro Línea de graduación de tambor Línea índice del cilindro Línea de graduación de tambor

Micrómetro con escala vernier (graduación: 0.001mm)

La escala vernier provista arriba de la línea índice del cilindro permite hacer lecturas directas dentro de 0.001mm.

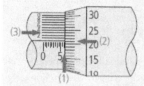

(1) Lectura de cilindro	6.000mm
(2) Lectura del tambor	+0.210mm
(3) Lectura desde la línea de escala vernier coincidente con la línea del tambor	+0.003mm
Lectura del Micrómetro	6.213mm

Nota) 0.21 mm (2) se lee en la posición donde la línea índica que esta entre dos graduaciones (21 y 22 en este caso). 0.003 mm (3) se lee en al posición donde una de las graduaciones de vernier se alinea con una de las graduaciones del tambor.

Los ingenieros en México

Son aptos para resolver problemas y además su lógica matemática les permite enfrentar obstáculos; 41 integrantes de 'Los 100 empresarios más importantes de México' de Expansión son ingenieros.

La capacidad de los ingenieros para resolver problemas explica por qué muchos son CEO. En México, los ingenieros que desempeñan puestos directivos están en empresas privadas y también en dependencias gubernamentales.

Según la estadística de Standard & Poor's, los ingenieros civiles tienen 0.24% más posibilidades de ser CEO que un estudiante de finanzas o de negocios.

Un ingeniero es un profesional preparado para resolver problemas. Su razonamiento matemático le permiteenfrentar obstáculos para encontrarles una solución.

Los 'inges' de México

Algunos de los personajes más famosos de los negocios en México salieron de esta carrera universitaria enfocada en números y procesos.

Carlos Slim, el hombre más rico del mundo, de acuerdo con la revista *Forbes,* estudió ingeniería.

José Antonio Fernández Carbajal, presidente del consejo de administración y director general ejecutivo de FEMSA - reconocido por la publicación *Harvard Business Review*como el mejor CEO de México-, es egresado de Ingeniería Industrial y Sistemas.

En México no hay un registro que indique cuántos CEO estudiaron ingeniería, pero 41 integrantes de la lista de 'Los 100 empresarios más importantes de México' de la revista Expansión son ingenieros.

Las primeras pistas de esta tendencia despuntaron en 2004, cuando el informe Standard & Poor's 500 indicó que 28.1% de los CEO de las 502 principales empresas listadas en Estados Unidos, estudió carreras universitarias relacionadas con ciencia e ingeniería. Tres cuartas partes de ellos eran ingenieros.

De acuerdo con el informe de la UNESCO *Science Report* que indica que México ocupa el sexto lugar a nivel mundial, con 75,525 ingenieros graduados en el año 2010. Que representan 16% de los estudiantes egresados de las universidades mexicanas, por encima de Alemania, Brasil y España.

Preparación ideal...

Que los especialistas en ingeniería puedan dirigir empresas es cuestión de preparación, pues durante la carrera reciben conocimientos matemáticos, de razonamiento lógico, administrativos y de legislación que les permiten desempeñar puestos de alta dirección, asegura Alfonso González, presidente de la Federación de Colegios de Ingenieros Civiles de la República Mexicana (Fecic).

"Los ingenieros estamos preparados para resolver problemas, es lo que nos enseñan en la carrera", dice Alonso

Quintana, director general de Empresas ICA y egresado de Ingeniería en la Universidad Iberoamericana.

"Tenemos grandes habilidades para trabajar en equipo y capacidad de análisis", comenta.

Aprenden a ver la compañía como un todo, incluso para medir el impacto de sus decisiones en cada área, señala Carlos Ruiz, académico de Política de la Empresa del IPADE.

Tomás Sancho, presidente del Consejo Mundial de Ingenieros Civiles (WCCE), comparte la opinión de que estos profesionales están preparados para tomar decisiones.

"Cuando yo me gradué, mi padre me dijo: 'Ahora tienes que ganarte la vida tomando decisiones'". Por ello, Sancho considera factible que un ingeniero pueda estar en diferentes ramas, incluso como presidente de un club de futbol.

Florentino Pérez, presidente del Real Madrid, es uno de los personajes más representativos, comenta el líder de la WCCE: "Yo lo conozco como empresario dirigiendo una de las constructoras más importantes en Europa (ACS)".

... pero les falta

Pero además de sus conocimientos matemáticos deben adquirir otras aptitudes necesarias para llevar a su empresa por el camino correcto.

Muchas veces demeritan temas esenciales como apostar a la imagen de la empresa, fortalecer los canales de comunicación, entre otros.

A la formación académica de los ingenieros le falta profundizar en temas sociales, que prácticamente no están incluidos en los programas de estudio, dice Alfonso González.

Por eso es deseable que, antes de asumir la dirección general, un ingeniero estudie un MBA o se capacite, pues con ello fortalecerá la comunicación dentro de su empresa, además de desarrollar su capacidad de trato con las personas.

Carlos Ruiz, del IPADE, coincide en que los ingenieros deben fortalecer sus conocimientos de contabilidad, finanzas y recursos humanos.

Sin embargo, no aconseja que lo hagan en la universidad. "Eso lo aprenden después, primero deben ser ingenieros", dice.

Los retos y tendencias de la Metrología

Las mediciones correctas sustentan la estabilidad de las sociedades y están presentes en muchos aspectos de la vida moderna como son la salud, el medio ambiente, las telecomunicaciones y muchos más, señaló Rocío Ruiz, subsecretaria de Competitividad y Normatividad de la Secretaría de Economía (SE), en el marco del Simposio de Metrología 2014, que se efectúa en estos días en la capital queretana.

Entre las nuevas industrias en las que ya incursiona la metrología están la nanotecnología y la biotecnología, añadió la funcionaria: "La metrología enfrenta grandes retos como son los avances tecnológicos, su aplicación en nuevas industrias, la trazabilidad de la incertidumbre en las mediciones, los ensayos de aptitud, la investigación científica, la metrología legal y la normalización", dijo.

Agregó que las necesidades de mediciones en México y el mundo están cambiando permanentemente, donde los investigadores y tecnólogos del ramo trabajan cada día para estar a la vanguardia y desarrollan nuevas técnicas para la medición.

Los brazos robóticos para soldar, pintar y ensamblar son elementos cada vez más visibles y presentes en las líneas de producción mexicanas. Desde el piso de exhibiciones de Cintermex, durante ExpoManufactura 2014, también ya dejan ver nuevas formas de integración en las factorías.

Lo primero a observar son instrumentos de metrología, automatizados, para colocarse justo a un lado de la línea de producción. Renishaw, con sus escáneres de medición y Carl Zeiss con sus sistemas de calibración de calidad en la línea son dos dignos representantes de esta tendencia.

Antes, había que sacar alguna de las piezas producidas para llevarlas al laboratorio y verificar si las medidas y acabados eran los ideales, como parte del control de calidad. Hoy puede hacerse ese paso ahí mismo, en un esquema equivalente a just in time.

Durante la expo, los instrumentos relativos a la automatización ocupan casi 40% del piso de exhibición. Los mismos organizadores, de la firma EJ Krause, lo reconocen: en esta edición del foro de negocios, el décimo octavo en su historia, se acumuló 13% más de espacio de exposición en lo relativo a la maquinaria. La automatización que llega para más giros industriales y empresas de todas las tallas.

También para las PYMES, por si alguien lo duda. Un caso claro en este sentido fue Eurobots, empresa que se dedica a la recuperación de robots que ya funcionan en plantas (básicamente automotrices), para su reacondicionamiento y posterior venta para otras empresas, hasta 45% más económicos que los robots nuevos. De esta forma se irá facilitando su acceso a estas formas de tecnología, si bien todavía no hay sistemas de financiamiento específico para estos activos en el rubro de las pequeñas empresas.

Por su parte la italiana Comau llegó con sus celdas automatizadas para soldadura, socorridas en la industria automotriz, aunque en su catálogo trae propuestas para quienes requieren robots de manipulación, pintura o escaneo.

Ahora bien tanto en el caso de estas dos últimas empresas mencionadas, así como la de Lincoln Electric y otros exhibidores de robótica, los brazos ya no operan solos. Vienen acompañados de una pantalla y software que permiten, como primer paso, la virtualización de la operación. Es posible correr virtualmente el proceso para cerciorarse de la programación y desempeño que tendrá con el robot en la línea de producción. Una vez que se ha revisado, entonces ya puede ponerse en marcha la operación y seguir el proceso paso a paso, como una manera de control de calidad pero también –y aquí es donde irrumpe la big data– para generar información y datos que alimenten la estadística ingenieril en la empresa.

La llegada de ayuda robótica a las plantas mejora las tareas del negocio y promueve otras formas de empleo: al menos tres por cada robot, entre la operación, el soporte y el mantenimiento. Precisamente Lincoln Electric lo comentaba en su estand de exhibición, con su brazo robótico para aluminio, del que colocaron varias piezas en Panamá, según compartieron sus directivos, ya que resultan idóneos para dar mantenimiento a los tanques de gas LP para los ciudadanos, que forman parte de un programa sustentado por aquel gobierno local.

Lincoln Electric, de matriz estadounidense, tiene una planta en Torreón, donde atiende, también al mercado mexicano.

Los robots ya contribuyen a la big data. El software complementario (como el que maneja Siemens) forma parte de esta fortalecida cadena de información en la industria, que permite cruzar datos para formar nuevos sistemas de producción o proponer métodos alternativos que mejoren el desempeño de la producción.

Bibliografía

Antonio, F. J. (2007). *Medidas Electricas Para Ingenieros.* España: R. B. Servicios S. L.

Bibian, C., & Murillo, C. (2015). Los ingenieros los mejores CEO. *CNN Expansión.*

Diaz, J. R. (2015). *METROLOGIA Aseguramiento Metrologico Industrial.* Medellin Colombia: ITM.

diaz, j. r. (2015). *metrologia aseguramiento metrologico industrial tomo II.* medellin colombia: ITM.

Esquivel, A. E. (2014). *Metrologia y sus aplicaciones.* Mexico: PATRIA S.A de C.V.

Gmbh, R. B. (1996). *Manual de la tecnica del automovil.* REVERTE S.A.

González, C., & Zeleny, R. (1998). *Metrología.* México: McGraw-Hill.

Harper, G. E. (1994). *Fundamentos De Electricidad.* Mexico: Limusa S. A de C. V.

Hewitt, P. G. (2004). *Fisica conceptual.* Mexico: PEARSON EDUCACION.

Irueste, M. (Octubre de 2009). Importancia de la Normalización en la Sociedad para el desarrollo del país. *Instituto Mexicano de Normalización y Certificación.*

Maria Angeles Martin, E. B. (2008). *Manual de mecanica industrial.* España: CULTURA S. A.

Mildres, R. (2014). Retos de la Metrología. *CNN Expansión.*

Mitutoyo. (10 de Noviembre de 2015). Obtenido de http://www.mitutoyo.com.mx/

Ramon Zaleny Vazquez, C. G. (1999). *Metrologia Dimensional.* Mexico: McGraw-Hill INTERAMERICANA, S.A de C.V.

Secretaria de Economía . (10 de Noviembre de 2015). Obtenido de http://www.economia-nmx.gob.mx/normasmx/index.nmx

Vazquez, C. G. (1998). *metrologia.* Mexico: McGraw-Hill INTERAMERICANA S.A de C.V.

Voegeli, A. V. (2001). *Lecciones basicas de biomecanica.* Barcelona España: Springer-Verlag Iberica.

Made in the USA
Columbia, SC
22 October 2023

24772396R00052